추억의 밤

추억의 밤

이원문 시집

책나무출판사

목차

1부

2부

3부

4부

• 1부 •

황천길

누구나 가는 길
가본 사람이 있는가
돌아오지 못했으니
그 이야기 못 듣고
산사람 입으로
그렇게 듣는다

죽었다 깨어난 나
나는 가보았다
가다가 돌아와
목화 더미에서 잠들었다
그 길을 이야기한들
누가 믿어 줄까

그 숱한 역경 속에서
목숨을 부지 해야 했던 나
나는 끝이라 하는 것을 깨달았고
마지막이라 하는 것도 배웠다
길고 짧은 뜬 눈의 것은 다 거짓
몸뚱이 하나 그렇게 왔다 간다

여름 하늘

나부끼는 벼잎새에 뜸북새 숨어 울고
하늘 높이 뭉게구름 위 초가의 뜰 그려 있다
누구의 집일까 저 초가삼간

고무신 벗어들고 다시 한번 바라보노라면
어느새 지워져 큰 바위 그림 되고
지나는 길 옥수수잎 바람에 여미어진다

여름비

여름 비는 세월을 읽는 비
마루 끝 추녀 낙숫물 떨어지고
장독에 흐르는 빗물 그 시간의 눈물 같다
마당의 지렁이 제 흔적을 아는가
저 두꺼비 엉금엉금 어디로 가나
비 맞은 닭 초라하니 마루 올려보고
두레박 줄에 흐르는 빗물 두레박에 담긴다
입에 넣은 이 밀 부침게 입안이 고소 할까
저녁을 알리는 청개구리 슬피 울고
때 찾는 아이들 부엌문 바라본다

사랑의 노을

찾은 바다 노을빛
파도에 젖어들고
밀려온 파도
하얀 날 만든다

부서지면 그렇게
하얀 날이 되는 건가
그날의 모습
백사장에 묻히고

다녔던 곳마다
떠오르는 기억들
아름다웠던 날의 그날
눈에서 멀어진다

고향

마당 끝 멀리 노을 저가고
댑싸리 노을 맞이
검둥개 함께 한다
이 옥수수 다 먹으면
저 노을 지워질까

노을의 기러기 어디로 가나
땅거미 밀려와
댑싸리 가리고
멍석 위 밤하늘
은하수 길 걷는다

저무는 유월

춥다 하는 겨울 두고
반년이 저무는가
더운 칠월 팔월 한 달
찬 바람의 그 구월
겨울을 알리고
내려오는 옷 소매
마음부터 춥다

하루살이의 날개 짓
누구의 세월이
그렇게 길다 했나
젊음의 먼 시간
늙은 시간 가깝고
꽃으로 보는 시간
시계가 모른다

비 오는 뜰

낙숫물 떨어져
쌓은 돌 무너지고
채송화 봉숭아
뿌리 드러난다

무너진 돌 처럼
긴긴날의 시간들
그 젊은 날이
이렇게 되었나

패여져 드러난 뿌리
어떻게 해야 하나
잃어버린 이 세월도
못 메우고 있는데

고향 장마

몇 날 며칠 궂은 날
언제 해를 바라보나
앞 개울 흙탕물에
빨래터 넘치고
우물 물 뒤집혀
건수 되어 올라온다

이제 그만 그쳤으면
핑게에 손 못 댄 밭
내일 이 비 그치면
풀밭일 것이고
그동안 밀린 빨래
이 계비누로 자랄까

어머니의 병

내가 이 병만 낳으면
장에가서 신발 사주고
옷도 골라 이쁜걸로 사줄께

그러구 계란팔아
왕사탕 공책 책받침
크레용 도화지도 사줄께

머리가 뜨거우니
냉수에 찬물 축여오고
아부지 오기 전 밥솥에 불때놓으렴

여름 들길

뜨거워 못 나간들 구름이 가리고
저녁바람 시원히 가슴에 스며든다
눈 안의 이 파란들 언제 뛰어 보았나
나 어릴 적 뛰어 놀던 이 넓은들

벗겨진 고무신 양쪽 손에 끝 없던 길
넘어져 흙 바르고 더 멀리 뛰어가면
둑방 길 멀리 저녁 노을 붉게 타오르고
지워져 돌아서면 검둥개 마중온다

칠월의 가을

오월이 그렇게 슬며시 떠나더니
유월도 그렇게 슬며시 떠난다
비 몇 방울로 가버린 유월
마르고 갈라지고 가둬둔 물 졸이고
타들어가는 논과 밭 칠월은 어떻게 될까
이제 때 지난 비 아져도 소용 없고
가뭄에 흉년만 눈앞에 보인다

백여년만에 찾아온 2017년의 가뭄이라 하니
지금도 속수무책 하늘만 바라보지 않는가
들리는 옛 보리쌀 항아리 긁는 소리
가을이 돌아오면 무엇을 거둘 것인가
찬 바람 불어 낙엽 떨어지는 날
내년 봄 유월까지 어떻게 기다려야 하나
날씨는 더워도 옛 하늘그대로 마음이 추워진다

처음

주고 받는 눈빛 감추느라
다른 곳 바라보던 날
가슴 설레임 두근두근
다시 만날 수 있을까

쪽지 한 장 살며시
그 자리를 떠나야 했고
기다림의 편지 한 장
지금도 기다린다

받는다면 무슨 말을
상상으로 읽는 밤
주소는 적혀 있는지
어떻게 답장 해야 하나

시골

뜨거운 팔월 한 달은
선선한 절기라도 있는데
칠월은 그마저 없는
뜨거운 날만 들어 있다

풍년과 흉년이 가늠 되는 칠월
뜨거워야 포기 자라 풍년이 되고
파란 들녘은 곡식 가득
씨앗 준비 하기에 바쁘다

덥다 하는 칠월 한 달
그 덥다는 칠월이 며칠이나 될까
흐린 날 비 오는 날 바람 부는 날
부채질 몇 번에 팔월 문턱 넘어선다

외할머니의 칠월

덥다 하는 칠월은 외할머니의 계절
툇마루의 문간 바람 베적삼 벗기고
쥔 부채 펴드니 세월만 간다
누가 부르는 것 같아 내다보면 아니고
옥수수잎 비벼지는 소리 외할머니 부르는 듯
긴 하품에 나오는 눈물 입맛도 쓰다

먼 기슭 뻐꾹새 울음 언제 멎을까
물 한 모금에 내다본 들 뜸북새의 세월인가
날이라도 궂으면 앞 논의 맹꽁이가 울 것인데
녹이는 그 세월의 소리 어떻게 듣나
저녁을 알리는 뽕나무 위 청개구리
주고 받는 울음에 하루 해 저문다

인생의 그날

달력 안의 그날들
글짜 하나 하나는
욕심의 하루였고
그 하루에 찢긴 달은
버려야 할 근심 걱정이다

다음 달에 적은 날짜
버리지 못하고 적어야 했던 날
지나가고 찾아온 날
즐거움만 있었겠나
즐거워도 그 안에 근심 걱정이 섞여 있다

인생은 그렇게 강물 따라 흐르는 것
절기에 꽃이 피듯
그 강변의 꽃을 몇 번 보았나
찢어도 안 적어도
그 절기의 꽃은 아름다웠다

칠월의 향기

찾은 철새 둥지틀어
새끼 낳아 기르고
파란 들녘 무럭무럭
가을을 기다린다

논병아리 뜸북새
메아리의 뻐꾹새
따오기 숨어 숨어
누구를 기다리나

팔월 문턱 들어서
떠나야 하는 날
마당 끝 저녁노을
더 붉게 물들어간다

시간 여행

시절을 더듬어 조용히 걷는 길
울고 웃던 날에 그 아픈 기억들인가
꿈이었다 하기에 너무 힘든 시간들이었고
기억이 가자 데리고 간 고향 마당의 칠월 밤하늘
어릴 적 바라보았던 그 먼 들녘의 유화등만 가물거렸다

반딧불의 추억

우물둥치 등목에 시원함인가
저녁노을 지워 모깃불 피우고
멍석 위 하늘 높이 북두칠성 바라본다
찾을수록 더 먼 별은 누구의 별인가
은하수길 걷다 보면 더 가까워지고

반딧불 이리 저리 위 아래 논 건너 뛴다
견우직녀의 옛날이야기
콩쥐팥쥐의 슬픈 이야기
유화등불 가물가물 가슴에 담는 밤
내려오는 눈꺼플 올리지 못했다

칠월의 고민

물고에 삽 꽂아 둘러보는 들녘
저 보이는 우리 논이 겨울을 약속 했나
에비의 마음을 딸 아이들이 알기나 하는지
커 가는 딸 아이들 이 칠월의 이파리 뒤 애호박 같고
물고의 물 흐르는 소리는 잔소리로 들렸던 어머니의 그
말씀 같다

• 2부 •

참외밭

원두막에 누가 있나
참외밭이나 가볼까
눈치 챈 검둥개 먼저 나서고
나서는 들녘 고요히 바람 한점 없다

쥔 부채 펴 본들 무슨 소용이 있겠나
점심 나절 불어오는 원두막 바람만이나 할까
가는 길 논마다 벼 포기 가득 하고
논 둑의 큰 개구리 논으로 뛰어든다

오르는 원두막의 엉성한 사다리
그래도 높다 하여 바람 들어오고
듣는 이 없는 혼잣말 누가 들어주나
졸음에 놓친 부채 옥수수잎의 단몽에 젖어 든다

결혼

아들아 딸아
세월에게 속지 마라
모두는 사랑의 것
둥지 안의 믿음의 것

인생은 그렇게 왔다
그렇게 가는 것이니
누구의 어느 인생이
이 하루의 안에 없을까

모인 하루의 그 세월이면
짊어진 짐 내려야 하고
내려놓으니 혼자온 길
다시 혼자 가야 하는 것이니

분꽃

어릴 적 밉던 얼굴이
저렇게 예뻐졌나
흰 석회에 단발머리
울보쟁이 그 모습이

코 흘린다 놀려대면
쫓아와 앙살 하고
소꿉놀이 부셔
울렸던 아이

마주 보면 어서부터
무슨 이야기 할까
옛 이야기에 수줍어
다가와 꼬집는다

그 돌섬

언제인가 여기에 다녀간 것 같은데
어느덧 몇 십년 전 기억이 희미하다
이 길로 왔었나 저 곳으로 돌아간나
갔던 길도 풀 숲에 지워져 없어졌고
그 소나무 몇 그루에 수평선만 보인다
작은 섬은 이렇게 기억에 희미해지는 것인가
그때 기억으로 보아 무엇 찾아 왔었는지

쌓아 올린 돌 탑에 그리고 모래성
이다음을 기약하며 바위틈에 돌도 끼워놓았다
가버린 날에 그 세월인가 시간은 그렇게
무너뜨리고 지워야 했었는지
늦었지만 다음이 오늘이 될 줄이야
철썩이는 파도소리 그때 그 마음 휩쓸고
바위틈에 끼운 돌만 오늘을 기다렸다

작은 별

옛날을 잃었다
모습도 잊었다
희미한 이름 하나
더 무엇을 잊어야 하나

가버린 날 잡아보려
우리 그곳 찾았고
밤하늘 별 모아
은하수에도 숨겼다

잃은 옛날 찾는다면
그 모습 떠오를까
모습도 옛날도
이름만 희미하다

여름 마당

기다려지는 밤
한낮은 뜨거워
그늘 찾아 나서고
고추잠자리 맴돌 무렵
밤 마당 준비한다

먹는 꿈의 즐거움인가
참외 수박 준비하여
우물 물에 담가 놓고
찐 감자 밀 부침게
고소한 내음에 저녁노을 진다

피우기 싫은 모깃불
멍석은 누가 털어
바깥 마당에 펴놓나
귀찮은 땡쑥 연기
자리 옮길 때마다 따라온다

생철 지붕

지붕 위 콩 뿌리는 소리
그 소리가 얼마나 귀찮게 했나
밤잠 깨워 멍석 거둬들여라

우박 떨어지는 날에는
그날 밤 뜬 잠으로
겨울에 춥고 여름에 뜨겁고

눈 덮힌 날 포근히
비오는 날 시원 했고
거센 낙숫물에 뜨락의 돌 무너졌다

칡꽃

넘어선 칠월 문턱
칠월도 어느덧 중순에 접어들고
덥다는 초복 중복 말복을 부른다

밤으로 서늘해질 말복이 며칠인가
울 매미 울음에 식어가는 무더위
이것이 시간이고 세월이었나

장마에 이 궂은 비 언제 걷힐까
칡꽃에 숨은 세월 싸리나무 바라보고
부채든 이 그늘 찾아 칡넝쿨 다듬는다

구름의 바다

찾은 바다 한가로이
갈매기 나르고
보이는 섬 멀리
그리움 다가온다

주워든 조약돌
얇은 조개껍데기
그 시간이 깎았나
작아진 것인가

무늬에 떠오르는
잊혀진 그날들
돌아보는 모래밭
발자욱 따라온다

여름 마음

덥다 하여 찾은 그늘
이곳도 덥고
쥔 부채 펴드니
팔만 아프다

바람이라도 불렴만
어찌 이런가
겉옷 벗어 손에 드니
그 옷도 무겁다

겨울을 생각하면
그리 덥지 않은데
이 더위 끝이
언제까지 될 것인가

그래도 겨울보다
이 여름이 낳다
움추러든 시려움이
이 더위만이나 할까

서쪽

석양에 들면
하루가 모아지고
노을이 물들면
옛날이 모아진다

늘 그렇듯
고된 삶의 하루인가
노을에 얹진 마음
헤아릴 수 없다

매미의 계절

매미 울음은 여름인데
절기로는 아니다
어느 매미 울음이
가을을 부를까

벼잎새 옥수수
하루가 다르고
눈치 빠른 강아지풀
여름꽃 숨긴다

초가의 저녁

저녁상 치우고
내다보는 문밖
낙숫물에 패이는
남은 시간인가

궂은비에 맹꽁이
앞 논에서 울고
초저녁 청개구리
밭둑에서 운다

아가의 노을

저 어린 것이 무엇을 알겠나
벌거벗겨놓았더니
마당이 좁다 하고
우물둥치 퍼놓은 물에
할미를 잃는구나

에미는 어디서 무엇을 하는지
아침 나절 나가더니
그저 소식이 없으니
저 아이 보채면 어떻게 달래나
보리짚에불집혀도 오지를 않는구나

여름 개울

점심나절 뜨거워
그늘 찾으면
무더위의 잠자리
봇물에 꼬리 씻고

풀숲의 여름꽃
불볕에 시들면
아이들 모여
봇물 찾아 물놀이 한다

누가 누가 잘하나
물 끼얹는 아이들
웃음 반 울음 반
물속에서 싸운다

꿈의 일기

믿었던 세월아
나를 두고 가지 마라
이 강물 따라 흘러가면
너를 만날 수 있을까

네 먼 곳에서 기다린다면
찾아간 나 만나줄 수 있겠지
내 여기 이곳 버리는 날
너를 꼭 찾아가마 찾아가마

이곳에 있는 것 두고 가는 것이 아니라
모두 버리는 것이니 꼭 찾아가마
네 보던 꽃 꽃 피는 날 모두 꺾어 들고
내 너를 찾으마 꼭 찾아가마

그 시절

지금쯤 이맘때면
보리짚 피워 감자 옥수수
단호박도 쪄먹었다

칼국수에 수제비
저녁은 그렇게 밀가루로 때웠고
아침은 푹 무른 보리밥을 먹었다

반찬은 텃밭이 해결하였고
아래목에 버둥대며 우는 막내 동생
막내 동생은 암죽 그 다음 동생은
쌀밥에 깨소금넣어 간장에 비벼주었다

초가의 꽃밭

허름한 이 꽃밭
누가 꽃을 심었나
꽃밭 가득 귀퉁이
나팔꽃 오르고

돌틈에 채송화
앞쪽으로 봉숭아
가운데 과꽃 송이
봉숭아 바라본다

오르는 나팔꽃
수줍어 여민꽃
낙숫물에 무너진 뜰
돌마다 나뒹군다

외로운 메아리

누구의 이름을 부를까
모습을 그릴까
부를 이름 없고
그릴 모습 없다

바다를 찾아도
꽃피는 봄이어도
부를 사람 없고
그릴 모습 없다

가을날 단풍 모아
단풍에서 찾을까
떨어진 낙엽 모아
낙엽에서 찾을까

부를 이름 그릴 모습
아무도 없고
외로운 메아리
허공에 흩어진다

빗속의 마음

접은 우산 펴야 하나
비에 젖을까
빗속의 그 옛날
추억에 젖어들고

쏟아지는 빗줄기
걷는 길 막는다
눈가에 흘러내린
이 작은 빗방울

우산을 펴든들
눈시울이 마를까
훔쳐도 씻어도
다 가도록 흐른다

• 3부 •

달 뜨는 언덕

달은 날마다
그 자리를 바꾸고
지는 것도 그렇듯이
모습도 다 다르다

비춰주는 얼굴인지
비춰보는 얼굴인지
모습도 마음도
멀수록 다 다르다

구름 인생

여기에 오는 것을
네 오는 길에 무엇을 보았고
나 또한 본 것이 무엇이더냐
돌아갈 수 없는 너
나 돌아갈 수 있는지

잃고 얻음에 끝내는 다 잃을 것
네 얻은 것이 무엇이고
나 잃은 것 또한 무엇이더냐
가자 어서 가자
싫어도 가야 하는 돌아올 수 없는 이 길을

여름

여치의 꿈 모아
원두막에 걸어놓고
매미 소리 들으며
언덕에 오른다

늘어지다 당기는
미루나무의 매미 소리
저 높은 하늘
뭉게 구름까지 들리나

냇가에 동무들
물놀이에 즐겁고
퍼져가는 매미 소리
원두막 잠 재운다

소라의 바다

이름은 그대로
잊지 않았는데
모습을 잃어
그릴 수가 없어요

이런 모습이었나
아니면 그랬었나
노을에 숨어
찾아도 안 보이고

긴 머리 하나로
그곳을 찾았어요
이름 처럼 그 모습
다시 떠오른다면

추억 아닌 옛 사랑
사랑 하고 싶어요
찾아간 그곳에
다시 처음 남기고 싶어요

바다

나 자랐던 섬 이것만
찾으니 새롭고
보이는 섬 흰갈매기
그 하늘도 다르다

몇 집 살던 초가에
무너진 돌담 길
탱자나무 해당화
어디에 숨었는지

마당 끝 쌓아놓은
어머니의 굴껍데기
밀물에 쓸리는 소라껍데기
두꺼비집 그 모래성 파도가 휩쓴다

여름꽃

냇둑으로 밭둑으로
귀찮게 피었던 꽃
걸으면 잘못 딛어
종아리 긁히고
긁혀 걷어 올리면
손목도 긁힌다

죄 없는 꽃 미워 했던 날
꽃이 아니고 넝쿨이었것만
어찌 그 꽃들을 미워 했었는지
손으로 만지면 노란물 들고
툭툭 털어 바지에 문지르면
언짢은 마음 오래갔었지

여름 여자

애들아 뭐하니
오늘은 저녁상 치우고
더 어둡거든 개울에 가자

내 저녁 무렵 등목할 자리
돌 거둬내고 깨끗이 치웠어
앉을 돌도 군데군데 놓아놓고

어멈아 비누 챙겨라
수건은 내 미리 준비 해놓았어
바꿔 입을 옷 꺼내어 놓고

저 계집아이들 깨끗이 씻겨
이 더운 날 춥지 않으니
이맘때 아니면 언제 물을 써보니

장마에 물 많아도 그곳은 깊지 않아
돌아 흐르는 물이라 거머리도 없고
내 뒤따라가 망볼 테니 어서들 가자

노을 맞이

저 먼 서쪽 하늘 아름다워라
붉게 더 붉게 오는 구름 물들이고
한쪽으로 더 짙게 주름 잡아 덧칠 한다

그리움 잠재우며 지워지는 저녁노을
누구의 옛날이 저렇게 물들을까
내일 이 자리 다시 찾고 싶어라

여름 잔치

오늘은 누구의 에미를 부를까
담 넘어 아이 어멈
아래집 새댁
그집 그 에팬네도 오라 할까

담가놓은 열무김치
찬 물떼기 오이냉국
고추장은 장독에 있고
또 무엇이 빠졌나

이 잔치에 보리밥이 어찌 맛있을까
뒤지에 쌀 넉넉히 퍼
어멈들 보고 밥 하라 하고
박 바가지 내린 할머니 텃밭에 나가신다

원두막의 하늘

날은 뜨거워도 바람 불어 시원하고
바람에 섞인 세월 매미들이 읽는다
그래도 때 찾느라 느낌이 다른 바람
매미는 어찌하여 그 때를 잘 아는가

복중 말복이면 한세월 다간 것인데
중복지나 말복이 그 며칠이나 될까
보이는 앞 동네 매미 울음 늘어지고
원두막 저 멀리 뭉게 구름 들어온다

소낙비

보라 홀로의 들녘
누가 이 몸을 엿보겠는가
먹구름 천둥 번개
지게에 내려앉고
아무도 없는 들녘
무섭기도 무섭다

옷 젖어 벗어놓은
알몸의 하늘과 땅
지은 죄 많으니
이 비누로 씻길까
소낙비 목욕으로 더러운 몸 씻고
천둥 번개에 그 마음 씻었다

콩밭의 일기

누구의 부지런함이 이 새벽을 깨울까
먼동트는 훤한 들녘 이슬 내려앉고
콩밭 매는 어머니 아침 해가 두렵다
한낮 뜨거워 못 들어가는 들녘
저해 오르면 얼마나 뜨거울까
뜨거워도 어머니는 베적삼을 적셔야 했다

동틀 무렵 일을 해도 들어가야 했던 들녘
한낮 매미 울음 오는 가을을 알고 있나
가을날 풍년의 약속 땀 방울에 들어 있고
호미 끝에 찍히는 시간 무더위 못 쫓았다
찬 우물 물 한 모금에 목 축이는 어머니
늘어진 몸 추수려 노을 길 따라온다

웃는 세월

시간에 하루 한 달
일 년 후 그 이상
누구를 어떻게
얼마나 만나는가

시기에 질투
바뀌는 처지
늙어도 세가지 만
못 버리고 간다

여름의 가을

여름 잃는 원두막 참외밭 시들고
무더위의 매미 울음 가을을 부른다
여름이어도 가을은 숨어 숨어 오는지
풀숲에 맺힌 씨앗 절기 찾아 영글리고
절기의 원두막 저물어간다

노을의 노을

만남의 이 바닷가 처음이 될까
돌아와 두 번에 추억이 될까
오늘도 모르고
다음도 모를 사랑

바라보는 바위섬
먼 훗날 데려오고
모으고 모은 파도
그 선택 휩쓴다

어색한 손 잡음
삐뚤어진 발자국
설레임 부끄러움
노을빛에 젖는다

달팽이 인생

누가 나의 길을
나는 아는가
끝은 어디이고
얼마쯤 걸어 왔나

춤 띄우는 버드나무
바라보던 날
그 멀고 멀었던 길
여기가 그 길인가

하얀 서리 앉은 머리
돌아보니 춘몽이요
쥔 손 못 펴는 몸
여기가 어디인가

인생 그림

누구의 어느 인생을 어떻게 그릴까
모두가 그렇게 흘러간 세월
그려보면 칠 한 번 더했고 덜했는데
우리 서로가 어떻게 보고 있나

다 같은 밤낮에 시작과 끝에 매달렸고
감춰진 표정 안의 숨겨놓은 그림들
나는 이웃에게 이웃은 나에게
이 순간 마주보며 어떻게 하고 있나

섬 아가의 기억

문 밖 파도 소리
그 갈매기의 바위섬
바위 틈에 끼어 있는
그 그물 주인이 누구인가

깨끗하여 걷어보면
물벼룩의 집이었고
떠밀려온 나무토막
그것은 그리 깎여져 있는지

우리 울 뒤 이웃집
버려진 그물들
마당 끝 굴 껍데기
바지락 껍데기

이 모두 어머니의 흔적
그 흔적이 아닌가
쓰러진 그물 닭장
기우러진 우리집

갯바위 옆 나 놀던 곳
잠드는 옛 목선
썰물 밀물은 그대로인데
내 모습만 이렇게 거울 앞에 서운한지

여름의 가을

계절에 가을이어야
가을이 왔는가
복중 여름이어도
가을이 와 있다

아침 저녁으로
느낌이 다른 바람
벼 이삭 숨어 때기다리고
풀숲에 씨앗 더워도 영글린다

심어놓은 텃밭에 자라나는 채소들
늘어지는 매미 울음에
쓸쓸한 원두막
물가에 아이들 슬며시 나오고

개학 걱정에 밀린 숙제
머리 아파 우는 언니
할머니 일손 모자란다
야단하며 일 시킨다

그리움의 길

걷는 길 먼 하늘
그리움 다가오고
함께 걷고 싶은 마음
누가 나와 함께 할까

불러 모은 추억
너무 멀다 하고
옛날은 지워라
잊어야 하는 길

누구라도 부르면
함께 가자 할까
부르는 소리 없어
꽃 한 송이 꺾어 쥔다

• 4부 •

인생살이

내 마음 같지 않은 세상
달라도 어떻게 이렇게 다른가
노력을 하여도 사람을 만나도
한 핏줄 한 형제의 뜻도 내 마음 같지 않더라
욕심도 매한가지 제대로 되는 것 없듯
한 곳을 채우면 다른 한 곳이 비어 있고
새어나가 막으면 또 한 곳이 뚫여 있다
뜻대로 마음대로 안 되는 세상
욕심에 달라질까 만나는 사람 표정 읽어보면
거의 그렇게 맞아 들어간다
귀 닫고 눈 감으면 마음이 편안 할까
그것도 그렇지 않은 것이
빼앗김이 더 많아 그럴 수도 없고
그래도 속아주니 좋아 하는 이웃들
더 얹어주니 표정들이 어떠 했던가
모르고 속고 알면서 속아온 세상
그들의 마음 안에 무엇이 들어 있나
세끼니에 자고나면 그 세끼를 위한 삶
채웠어도 그것이 그대로일까
세상은 다 내 마음 같지 않더라

동무의 여름

물놀이의 봇물도
물 밖의 노을도
동무가 뛰어들어
먼저 들어가 보았고
서쪽 하늘 노을도
먼저 바라보았다

수수깡 벗겨
너 한 입 나 한 입
달콤한 그 맛을
어찌 잊을까
그 맛은 내가 먼저
그 다음 동무가 따라다녔다

구름의 가을

저 뭉게구름 속
가을이 숨어 있나
매미울음 하늘 높이
마을에서 멀어지고
구름 사이 파란 하늘
더 높아진다

흩어진 저 뭉게구름
새털 구름으로 흐르면
억새밭 억새의 꿈
바람에 누울까
작아지는 매미울음
뭉게구름 바라본다

해당화의 기억

한가로운 이 바다
누가 나를 바라볼까
바위에 기대어
섬마다 둘러보면

가까이 보이는 섬
파도 오르 내리고
갈매기 높이 떠
오는 배 마중 한다

흐릿한 저 먼 섬
이 자리의 나
돌아서 나가면
누가 나 다녀 갔다

말해주는 이 있을까
바위 아래 발자국
파도에 쓸리고
먼 발치의 해당화 미련 남긴다

칠월의 석양

아쉽게 보낸 유월
칠월도 떠나는가
유월은 기다려도
이 칠월은 아닌데
어느새 이 칠월이
이렇게 빠른 것을

오늘 하루 몇시간에
숨은 팔월 돌아오면
그 덥다는 칠팔월에
가을 문턱에 닿는가
돌아보면 며칠인데
그렇게 무더웠는지

더워 보내지 않아도
먼 나라로 가는 세월
함께 찾은 뜸북 철새
그 어디쯤 가고 있나
매미 울음 끝자락에
저문 여름 떠나간다

고뇌의 뜰

평생 이 모습으로 늙지 않을 줄 알았던 인생
젊은 날에 먼 훗날이 멀지 않았었나요
옷 색깔 고르며 바꿔 입었던 날
길고 짧은 그 옷에 무엇이 숨어 있었나요

흘리고 잃은 날 피는 꽃에 꿈 묻고
보고 듣는 것도 그렇게 좋았것만
이제 말 한 마디 부끄러움이 주책 같고
백발에 이 한 마디 누가 신용이나 할까요

처음과 새것도 이 지팡이 앞에 소용 없고
마주친 반가움도 귀찮을 때가 있었지요
젊어서 웃고 우는 것이 어찌 미울까
늙음에 그것을 생각해 보셨나요

하늘 올려보면 어제의 구름 다시 흐르고
힘 들여 디딘 이 발 흙만 묻지 않았겠지요
뒤돌아보는 먼 길 서 있자 하니 앞 가깝고
들리는 저 새소리의 가르침이 무엇인가요

휴가의 구름

잃어버린 그 먼훗날
찾은 바다 여기던가
석양에 뭉게 구름
저녁노을 기다리고

아껴 모은 조약돌
흔적조차 알 수 없다
그날 찾아 떠났나
여기 이곳에 묻혔나

기억에 가물가물
아름다운날에 젖어 들고
처음도 지금도
파도가 쓸어간다

여름 들녘

파란 들 논밭 곡식 무럭무럭 자라고
우리동네 매미울음 가을을 부른다
봄이 언제였었나 저 파란 들녘

우리들의 파란 들 참새의 황금 벌판일까
아직은 여름이어도 이 여름 기울고
찾는 이 없는 원두막 부채 바람 기다린다

갈매기의 편지

나 여기 이곳 다시 찾을께
다음은 너무 멀고
저 뭉게구름 피어오르는 날
그 옛날 찾으러 다시 찾을께

주워 모은 소라 조개껍데기
묻어 둔 그곳 찾아
나 이 자리 꼭 다시 찾을께
파도소리 듣고 싶어 다시 찾을께

구름의 약속

네 구름에 지은 초가
허물지 않겠지
그 나의 꽃 지우지 않고

네 뭉게구름 바라보던 날
지은 초가에 둥근 박도 올렸어
가을 돌아오면 다시 찾으려고

매미울음 멎는 날
이 자리에 다시 올께
그 박 그대로 올려 있겠지

불효의 일기

춥고 더운 날
그 세월에 부모님도 춥고 더웠을 것을
자식 낳아 길러보니 이것이 인생인가
불효의 이 몸이 아이들에게 무엇을 바라는가
우리 부모 나 기를 적 나와 같았을 것을
그 아픔 근심 걱정 부모님께 효도 했나
안고 업고 부모 앞에 나 무엇하나
부모님 아픔에 이 살이 아프던가
우리 부모 몸 빌어 이 세상 나와 보니
나 하는 짓마다 죄가 더 많고
아이 앞에 부모 보면 더 죄가 된다

쪽방

쪽방에 드는 잠
옛날은 안 그랬나
춥고 더워도
나름대로 웃음이 있고
먹고 입는 것도
줄이니 간편하다

비교에 드는 잠
그 잠은 별다른가
처지가 되면 어떻게 하겠나
겉과 속 다 같은 살
나름대로 건강이 있고
비교가 모르는 행복도 있다

원두막의 달

저무는 여름 원두막에 오르니
거적문 들추는 달 참외밭 비춘다
한낮 이 매미울음 누가 다녀간들 어떠한가
절기에 참외밭 시들어 늘어지고
끝물에   는 참외 배꼽 참외 바라본다

가을 보름은 아니어도 휘영청 밝은 달
저 달안의 그리움이 이 참외밭만 비추겠나
바라보면 볼 수록 그 옛날 넘나들고
먼 훗날은 다음의 달 가을날에 물어 볼까
모여드는 귀뚜라미 가을밤 기다린다

타향의 여름

우물둥치의 고향은
벗을 수 있었는데
그마저 없는 타향
어찌 흙이 많은지
바지 걷어 올리면
눈초리가 다르고

윗옷 벗어 손에 들면
위 아래로 쳐다본다
흙 못 묻히는 타향살이
흙 묻히는 내 고향
속살 나온다 누가 뭐라 하나
고향 개울 달려가 이 손 발 담그고 싶다

모으는 옛날

나 여기에 어떻게 왔나
아는 길도 아니었고
목적지도 몰랐다
더 가야 하는 길
그 길도 그럴까

나 아는 이 누구요
누가 나를 기억 할까
실가닥에 매달린 희미한 얼굴들
잃어버린날에 기억의 꽃으로
그 꽃잎 하나 하나 바람에 날린다

매미의 근심

즐거운 방학
학교 문밖 나와
자유 찾은 방학이다
긴긴 이 여름방학 무엇 하며놀까

보리 꽁댕이 한 그릇이어도
배부르고 즐거웠고
냇물에 들어 갈 수 있어
밤과 낮이 즐거웠다

뒷동산에 보아둔
긴 장대감의 매미 채
싸리나무 꺾어 휘어
칡 끈으로 동겨 매고

하나는 이불 실 훔쳐
잠자리 잡이 추 만든다
산으로 들로 냇가로 연못으로
매미의 여름방학 즐겁기만 할까

며칠 앞둔 개학 날
밀린 숙제 어떻게 하나
매미채에 매미 아닌
방학 숙제만 잡힌다

인연의 위로

이 넓고도 좁은 세상
둘만의 인연을 누가 바라볼까
이웃은 바라보다 눈 돌릴 것이고
비교는 잠시 머뭇다 가는 것이니

서로가 가엾어라
세월이 이 인연을 어디로 데려갈까
기쁨에 눈물 섞어 슬픔에게 나눠주고
행복으로 가꾼 인연 처음에게 나눠준다

매미의 가을

네 울음은 여름이어도
가을은 이미 네 울음에 숨어 있어
느낌의 가을 창가에 와 있고
저 하늘의 구름도 네 울음에 흩어져
뭉게구름 속에 꼭꼭 숨어 있어

개울 떠난 아이들
매미채 메고 어디로 가나
눈치 빠른 참새 떼 허수아비 일으키니
논마다 패는 벼 저 매미울음 듣기나 하는지
네 울음 멎는 날이 가을인가 봐

가을 소식

저 하늘 낮은 구름 언제 걷힐까
절기로는 가을인데 아직 이르고
모이는 참새 떼 매미울음에 숨는다
기다리는 가을인가
무더위에 기다리나

창문 밖 귀뚜라미 가을 소식 전해오고
더워도 눈 감은 밤 달빛에 어린다
며칠 후 가을 깊어 귀뚜라미의 밤이 될까
참새 떼 쫓는 소리 메뚜기 뛰는 모습
이 생각 저 생각 동무 얼굴 떠오른다

가을 장마

가을장마는 어머니의 눈물

매달린 고추 썩고
따놓은 고추 곯고
패여나간 무 배추
다시 심어야 하나

궂은 비에 참깨단
됫박 가웃 나올까
쓰린 속에 펴 널어
며칠 말려야 하고

우리 논 쓰러진 벼
다 어떻게 묶어대나
이리 저리 묶으니
한나절 허리 휜다

추억의 밤

초판 1쇄 발행 2023년 8월 14일

지은이 이원문

펴낸이 임병천
펴낸곳 책나무출판사
출판신고 2004년 4월 22일 (제318-00034)

주소 서울시 영등포구 신길3동 325-70 3F
전화 02-338-1228 **팩스** 0505-866-8254
홈페이지 www.booktree.info

ISBN 978-89-6339-702-3 03810